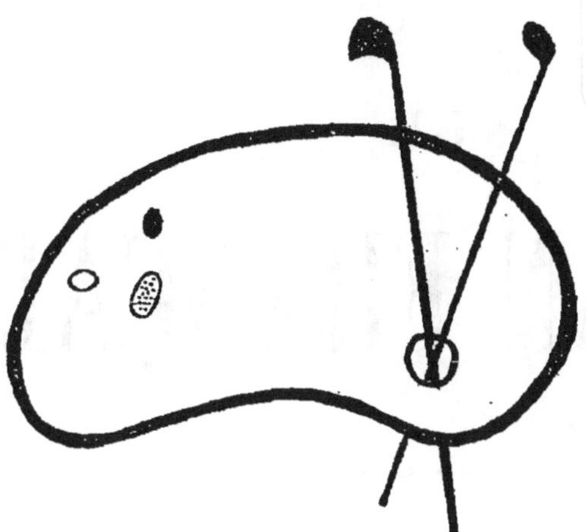

DEBUT D'UNE SERIE DE DOCUMENTS
EN COULEUR

LE
SOUDAN FRANÇAIS

PÉNÉTRATION AU NIGER

Quatrième Partie.

LILLE

IMPRIMERIE L. DANEL.

1886.

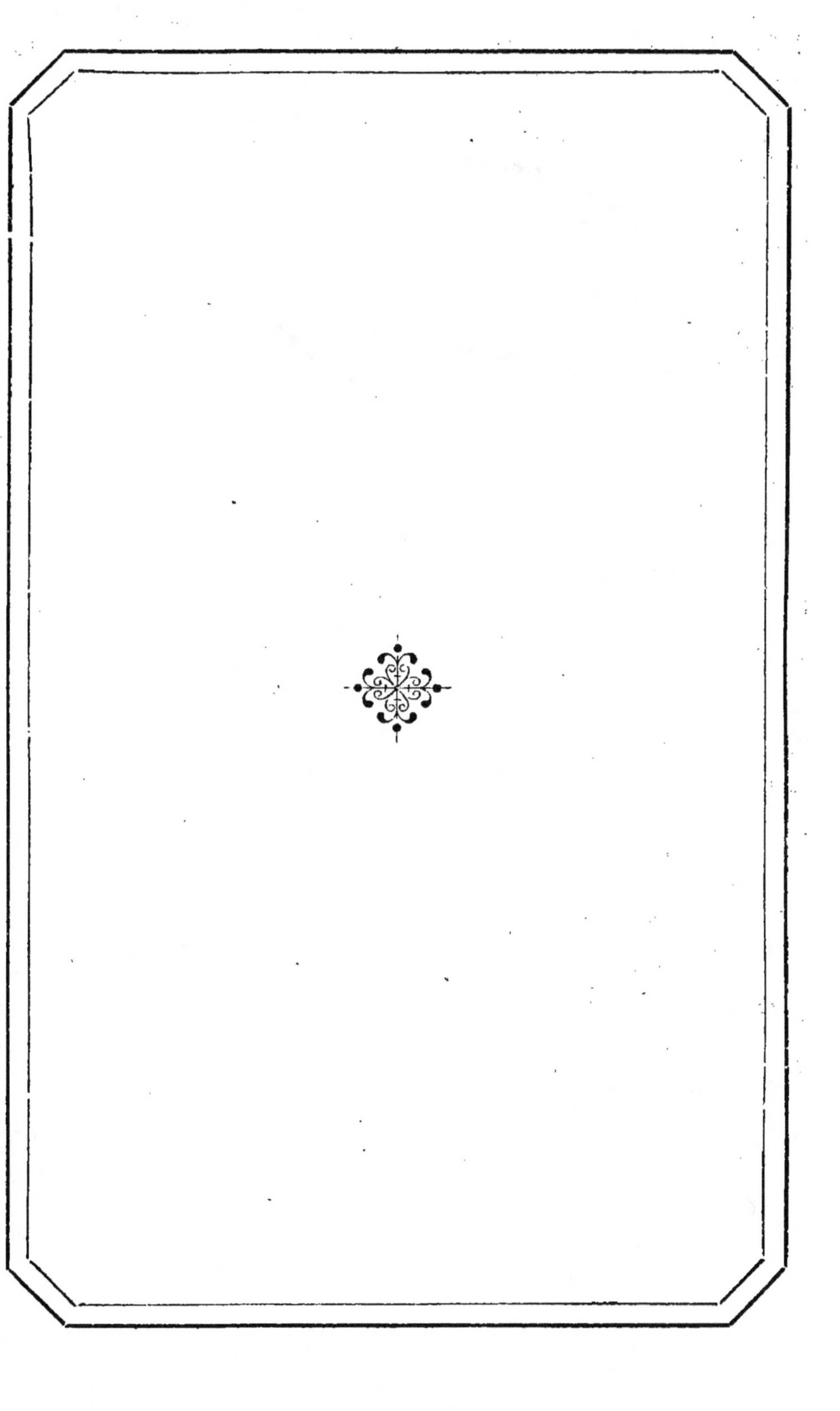

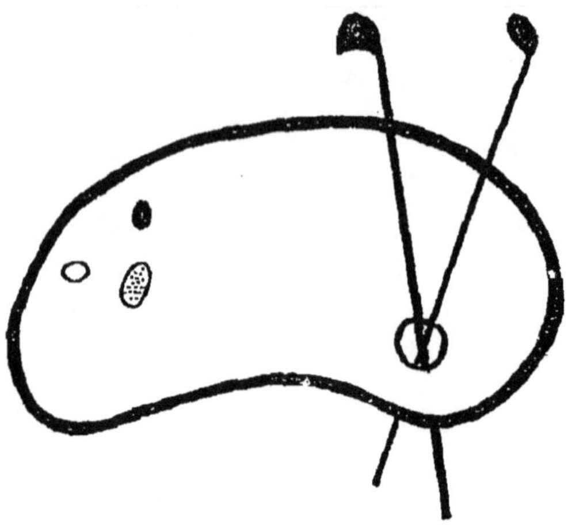

FIN D'UNE SÉRIE DE DOCUMENTS
EN COULEUR

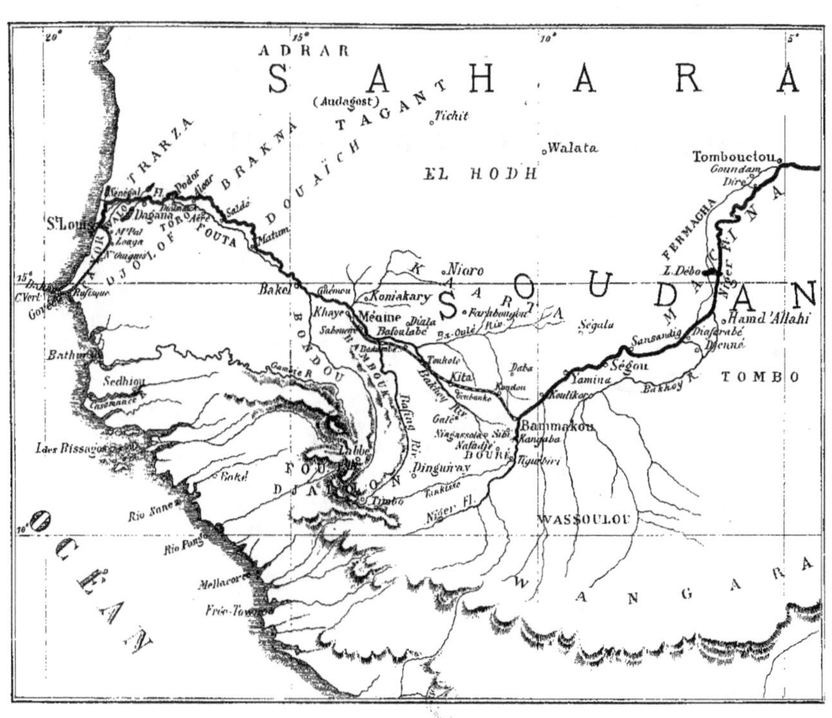

SAHARA
ADRAR
(Audagost)
TAGANTH
BRAKNA
DOUAÏCH
Tichit
Walata
EL HODH
Tombouctou
Goundam
Diré
Senégal Fl.
Podor
Dagana
Matam
St Louis
TRARZA
DJOLOF
FOUTA
TORO
Saldé
L. Débo
FERMACHA
SOUDAN
Nioro
Bakel
Ghénou
Koniakary
Faratimogou
Ségala
Hamd'Allahi
Khaye
Méaine
Diala
Rio
Sansandig
Diafarabé
Djenné
C. Vert
Goyée
Rufisque
Bafoulabé
Bs. Oulé
Daba
Ségou
Sabouen
Bosdou
Temhole
Kita
TOMBO
Bathurst
Sedhiou
Casamance
Cambie R.
BONDOU
Kita
Tembanke
Koudou
Yamina
Koulikoro
Bakhoy R.
Les Bissagos
Gaté
Ninassolo
Sidi
Bammakou
Kangaba
FOU
Labbé
Dinguiray
DOURI
Nafadie
Niaguirbiri
DJALLON
Timbo
Fankise
WASSOULOU
Gaté
Rio Sane
Niger Fl.
OCEAN
Rio Pong
Mellacore
WANGARA
Fric-Town

LE SOUDAN FRANÇAIS

PÉNÉTRATION AU NIGER

LE
SOUDAN FRANÇAIS

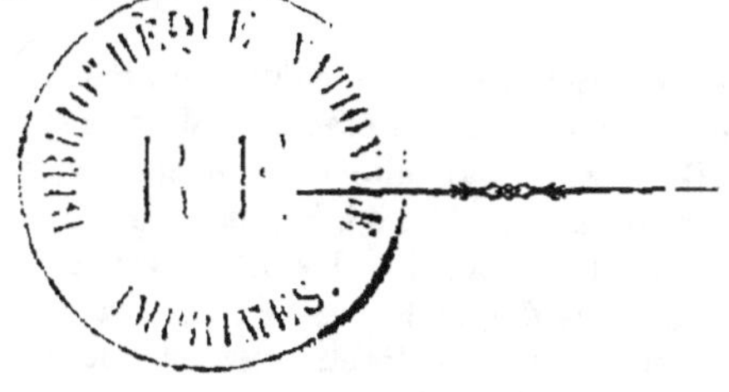

PÉNÉTRATION AU NIGER

Quatrième Partie.

LILLE

IMPRIMERIE L. DANEL.

1886.

SOMMAIRES.

PREMIÈRE PARTIE.

Guerre Sainte d'El-Hadj-Omar, 1854. — Il est repoussé de la colonie du Sénégal, 1856. — Conquête, par El-Hadj-Omar, des contrées s'étendant du Sénégal à Tombouctou. — Mort d'El-Hadj-Omar. Dislocation partielle de son empire, son fils Ahmadou lui succède à Ségou. — Mission de M. Mage à Ségou pour l'extension de nos comptoirs jusqu'au Niger, 1863. — Reprise des négociations par la mission Galliéni en 1881. — Traité qui nous donne le droit de construire un chemin de fer jusqu'au Niger, de naviguer et de nous établir sur ce fleuve. — Occupation de Kita par le colonel Borgnis-Desbordes.

DEUXIÈME PARTIE.

Deuxième campagne du colonel Borgnis-Desbordes, 1881-1882. — Expédition sur la rive droite du Niger, 1882. — Construction du poste de Badoumbé, 1882. — Troisième campagne du colonel Borgnis-Desbordes, 1882-1883. — Destruction de Mourgoula, 1882. — Prise d'assaut de Daba, 1883. — Construction du poste de Bammakou sur le Niger, 1883.

TROISIÈME PARTIE.

Le fleuve Niger. — La traite des nègres réprimée au Sénégal et florissante dans le bassin du Niger. — Ravitaillement des postes en 1883-1884. Lieutenant-colonel Boilève. — La canonnière le NIGER. — Histoire de Tombouctou. — Situation des Français dans le Soudan. — Le Bas-Niger. — Écoles indigènes.

LE SOUDAN FRANÇAIS

PÉNÉTRATION AU NIGER.

QUATRIÈME PARTIE.

Sommaire : Période de paix en 1883-1884. — Ravitaillement en 1884-1885. — Construction du poste de Niagassola. — Hostilités avec Samory dans le Bouré et le Manding. — Affaire de Nafadjé. — Ahmadou quitte le Niger et s'établit à Nioro. — Voyage de la canonnière. — Les gens de Niamina chassent, à notre instigation, les Sofa d'Ahmadou. — Samory bloque Niagassola et envahit le Gangaran. — Ravitaillement de 1885-1886 sous les ordres du colonel Frey. — Une armée de Samory mise en déroute à Farki-Djingo le 17 janvier. — Retour de l'envoyé de Tombouctou.

Dans notre premier article, en 1881, sur la pénétration au Soudan par le Sénégal nous disions, page 14 : « Il s'agit d'occuper par des » postes-comptoirs la ligne de Médine au Niger. Ce n'est pas par la » force que nous voulons nous établir dans le pays. Les circonstances » sont favorables ; nous resterons neutres entre les belligérants. »

Dans notre second article, en 1883, nous disions, page 20 : « Nous » pénétrons dans ces pays pour y faire régner la paix et la justice, afin » que les habitants puissent jouir de leurs richesses naturelles, en » faisant avec nous un commerce avantageux aux deux partis. »

Enfin, dans notre troisième article, en 1885, nous disions, page 16, en parlant des populations indigènes : « Persuadons-leur que nous ne » voulons pas nous mêler à leurs guerres, que nous ne désirons qu'une » chose, commercer pacifiquement avec tout le monde. »

Ceci rappelé, nous allons reprendre le récit des événements, et nous verrons jusqu'à quel point on s'est conformé à ces idées.

Nous savons que lors du ravitaillement par le colonel Boilève (1883-1884), cet officier ayant été fidèle au programme ci-dessus indiqué, il n'y eut aucune espèce d'hostilité contre nous. Un grand mouvement commercial par caravanes s'établit entre Médine et les pays de l'intérieur. Ahmadou était occupé de ses démêlés avec ses frères ; Samory opérait sur la rive droite du Niger dans le Ouassoulou, et leurs agents semblaient avoir la consigne de vivre en paix avec nous.

En 1884-1885, le commandant Combes fut chargé du ravitaillement de la ligne de pénétration. Depuis trois ans dans le Haut-Sénégal, cet officier avait été promu au grade de chef de bataillon pour sa brillante conduite à l'assaut de Daba où il était entré le premier par la brèche.

Le départ de la colonne eut lieu le 31 décembre 1884 de Diamou, terminus de la voie ferrée, à cinquante kilomètres de Médine. L'effectif comprenait vingt officiers dont trois indigènes ; quatre cent quatorze hommes, dont deux cent cinquante-neuf indigènes, quatre pièces d'artillerie, cent quatre-vingt conducteurs, palefreniers, etc. On arriva à Bafoulabé le 5 janvier 1885, à Badoumbé le 25 du même mois.

Le commandant punit quelques villages qui, suivant leur ancienne habitude, avaient pillé des caravanes ; il exigea la restitution des biens volés aux Diulas (conducteurs de caravanes).

C'est alors qu'il obtint du gouvernement l'autorisation de créer un poste à Niagassola, les circonstances lui paraissant le permettre. Dans notre marche vers le Niger en 1882-1883, le fort de Kita étant établi, on avait hésité sur la route à suivre au-delà : irait-on directement par la ligne la plus courte à Bamakou, ou bien suivrait-on la vallée du Bakhoy par Niagassola, pour arriver au Niger dans le Bouré, ce fameux pays aurifère qui attire notre attention depuis si longtemps et qui exerce sur beaucoup d'esprits une véritable fascination ? On avait, avec raison, préféré le premier parti comme présentant le moins de difficultés et le plus de chances de réussite.

Mais, une fois notre communication complétée entre Médine et Bamakou, les projets sur le Bouré revinrent sur l'eau et exercèrent certainement une influence sur les déterminations du commandant de la colonne.

Nous pensons qu'il était absolument prématuré d'agir ainsi.

Depuis les hostilités qui avaient eu lieu sur les bords du Niger entre le colonel Desbordes et Samory, deux ans auparavant, et dans lesquelles ce dernier n'avait pas été l'agresseur, une espèce de trève existait entre nous et notre ancien adversaire. Les travaux de Niagassola ne furent donc pas inquiétés.

Samory, de son côté, avait établi sa domination sur la plus grande partie du Manding et sur le Bouré, en laissant dans chaque village un chef avec quelques hommes.

En mars 1885, le commandant de la colonie se portait à Niagassola pour en faire terminer les travaux. Voyant le Manding de Kangaba et le Bouré dégarnis de troupes de Samory, il pensa que : « Il fallait profiter de l'occasion pour rejeter l'ennemi (?) de l'autre côté du Niger et châtier le chef de Kangaba, coupable d'avoir amené Samory sur la rive gauche. »

Ce qui semble être la vérité, c'est qu'il ne put résister à la tentation de s'emparer enfin de ce fameux Bouré. Il parcourut le Manding, le Bouré et toute la rive gauche du Niger jusqu'à Tiguibiri, confluent du Tankisso. Il réussit d'autant plus facilement que, comme nous l'avons dit, il n'y avait dans chaque village que quelques hommes de Samory qui s'enfuirent et furent remplacés par des chefs à notre dévotion.

Le commandant avait partagé ses forces en différents détachements qui opéraient isolément. Au seul village de Koma, dans le Bidiga, le lieutenant Péroz ayant reçu des coups de fusil tandis qu'il palabrait, enleva le village de vive force après une affaire assez chaude.

Le commandant dit que le Bouré entier et même le Birdiga-Sakala ressemblent à une immense écumoire. On trouve partout des trous de mine qui, pour la plupart, ne sont exploités que pendant l'hivernage, alors que l'abondance de l'eau permet le lavage des terres aurifères.

En revenant de Tiguibiri par les bords du fleuve, la colonne arriva le 16 avril devant Kangaba où on avait donné rendez-vous au capitaine Delanneau, commandant un détachement de la garnison de Bamakou. Kangaba fut évacué à leur approche par les gens de Samory ; apprenant que ceux-ci s'étaient concentrés à Figuéra, sur la rive droite, le commandant passa le Niger à gué avec un mètre d'eau. Son avant-garde, commandée par le capitaine Delanneau, atteignit l'ennemi et le mit en fuite en lui faisant subir des pertes assez fortes.

On brûla le village et on repassa le fleuve.

Le capitaine Louvel fut alors envoyé pour créer un poste destiné à servir de centre de ravitaillement, à mi-route de Niagassola et de Tiguibiri, au village de Nafadjé qu'il ne faut pas confondre avec celui où le capitaine Galliéni passa le Niger en 1880. Le 19 avril, le commandant envoya à Nafadjé, une compagnie de tirailleurs et une pièce de canon pour renforcer ce point jusqu'à la fin de la campagne ; puis il alla à Bamakou, où il arriva le 24 avril avec ses troupes en très bon état, n'ayant pas perdu un seul homme par la maladie.

Nous savons qu'Ahmadou, au printemps de 1884, lors de l'arrivée de la colonne de ravitaillement Boilève à Bamakou et du montage de la canonnière, avait passé de Ségou à N'Yamina, sur la rive gauche, avec ses fidèles et ses trésors, laissant un de ses fils pour commander en son nom à Ségou. Il craignait évidemment d'être coupé du Kaarta et du Sénégal par l'apparition de bateaux à vapeur sur le Niger.

Son frère Mountaga, chef du Kaarta, ne lui inspirant pas de confiance, peut-être parce qu'il était en bons termes avec nous, et refusait d'aller le trouver, Ahmadou désirait en finir avec lui.

Mais il eut toutes les peines du monde à pénétrer dans le Kaarta, les Bambara du Bélédougou interceptant la route, et il ne put passer pour ainsi dire qu'en se dérobant à eux.

Mountaga, à l'approche de son frère, prit des mesures de défense ; il fortifia son tata de Nioro, fit démolir toutes les cases aux abords du tata et s'y enferma avec une grande quantité de vivres et de fourrages et une garnison composée de talibés et de sofas de son parti. Il avait fait demander des secours à Tidiani, chef du Macina, qui lui avait promis de venir lorsque la saison serait favorable. En attendant, Ahmadou le bloquait étroitement.

Sur ces entrefaites, nous avons vu que le commandant était arrivé le 24 avril à Bamakou. Il s'occupa de la canonnière que le lieutenant de vaisseau Davoust était en train de faire réparer. C'est alors qu'il conçut le projet d'exciter la population de N'Yamina à chasser les Sofa qu'Ahmadou y avait laissés en garnison et à se mettre sous notre protection, mais les eaux étaient encore trop basses pour mettre ce projet à exécution ; du reste, le commandant fut rappelé en toute hâte vers le Manding par les nouvelles fâcheuses qu'il en reçut. Samory et son frère Fabou, en apprenant que leurs agents avaient été chassés du Manding et du Bouré, avaient réuni leurs forces, passé le Niger et envahi ces provinces.

Le commandant télégraphia au capitaine Louvel de se replier sur Niagassola, mais il était trop tard. Le capitaine après avoir eu un engagement très sérieux avec l'ennemi au marigot de Komodo, était bloqué dans un petit tata que nous avions construit à Nafadjé, autour de nos magasins. Le commandant se porta en toute hâte à son secours, il arriva le 5 juin à Niagassola, après une marche forcée, ayant fait le dernier jour cinquante-quatre kilomètres. Il y trouva un billet du capi-

taine Louvel lui annonçant qu'il était entouré par des forces considé-
rables depuis le 2, qu'il lui était impossible de s'ouvrir un passage sans
sacrifier les blessés, beaucoup d'hommes et le matériel. Le commandant, laissant à Niagassola le capitaine Chanteaume avec soixante-dix
hommes, marcha en toute hâte sur Nafadjé. Arrivé à Farabalé le 8, il
y laissa 6 Européens écloppés avec 10 tirailleurs et des vivres, et s'adjoi-
gnit 90 volontaires indigènes, ce qui portait ses forces à un peu plus
de 200 hommes. Il aborda Nafadjé par le côté le plus faiblement occupé
par les forces de Samory, et opéra sa jonction avec le capitaine
Louvel.

La petite garnison de Nafadjé avait horriblement souffert pendant le
blocus qu'elle avait supporté ; on n'avait pas d'autres vivres que du
maïs, chaque homme avait par jour un demi-litre d'eau d'une mare
où coulait l'urine des bêtes de somme. L'infection résultant des nom-
breux cadavres ennemis qui entouraient le tata était insupportable et
causait chez les hommes des syncopes. Les assaillants étaient au nombre
de cinq à six mille ; les cavaliers forçaient les fantassins à marcher en
avant.

Le 10 juin au soir, la colonne quitta Nafadjé et fit une halte de nuit
à Oudoula. Le lendemain, de ce point à Farabalé, elle ne livra pas
moins de six combats, l'ennemi essayant de l'arrêter à chaque mauvais
passage. Dans deux de ces combats, les tirailleurs durent charger à la
baïonnette pour se faire jour. De Farabalé à Dialikrou, il y eut un
engagement très sérieux dans la matinée, le peloton de spahis
dégage la route par une charge à fond ; on se repose le 13 à Dialikrou ; la pluie était continuelle. Il restait, pour arriver à Niagassola,
à traverser le marigot de Kokoro, au fond duquel Fabou s'était
retranché pour nous disputer le passage, pendant que Samory nous
attaquait en queue et sur les flancs.

Pendant que la majeure partie de la colonne était chargée de tenir
tête à Samory en arrière et sur les flancs, le canon, par un tir bien
ajusté, faisait brèche dans les palissades élevées par Fabou sur les
bords du Kokoro, et derrière lesquelles quelques milliers d'indigènes
étaient postés. La brèche à peine ouverte, 35 tirailleurs, sous le
commandement du lieutenant Péroz, s'élancent avec un courage admi-
rable contre l'obstacle, et, à coups de crosse et de baïonnette, à coups
de fusil et de révolver, ils culbutent les ennemis dans la rivière et
ouvrent largement le passage au reste de la colonne. Nous avions 28
blessés, dont plusieurs grièvement. Grâce à la supériorité de nos armes

nous avions fait subir à l'ennemi des pertes énormes, celui-ci n'avait guère laissé moins de 600 hommes sur le terrain ; la cavalerie de Samory nous suivit jusqu'à Niagassola. Le commandant se fit envoyer des renforts de Bamakou, de Koundou, de Badumbé et de Bafoulabé. Tenant l'ennemi à distance, il compléta par plusieurs voyages de Sitakota à Niagassola, les approvisionnements en vivres et en munitions de guerre de ce dernier poste. L'ennemi, ébranlé par ses pertes, et ayant appris l'arrivée de renforts de différents côtés, s'était éloigné dans la direction du Bouré. Le commandant laissa à Niagassola le lieutenant Péroz avec dix européens et cinquante tirailleurs, puis il se dirigea par Kita, Toukolo, Badoumbé, Bafoulabé vers Médine, où il arriva le 29 juillet.

La colonne avait expéditionné pendant trois mois de la saison pluvieuse.

La canonnière « le Niger » ayant été réparée par M. le lieutenant de vaisseau Davoust, on attendait la crue des eaux pour lui faire faire son voyage vers Tombouctou. Elle partit le 6 septembre de Koulikoro avec le capitaine Delanneau qui, nommé commissaire du Gouvernement français, était chargé d'entrer en relations avec les États riverains.

Sur la rive gauche, habitée par les Bambara, l'accueil que reçut le personnel de la canonnière chaque fois qu'il eut affaire aux indigènes, fut très amical. Sur la rive droite, où dominent les fidèles d'Ahmadou, l'attitude fut froide, réservée, sans cependant être hostile.

A l'aller, la canonnière s'arrêta à Kenenkou (11 septembre), à N'Yamina (12 septembre). Elle passa devant Ségou, à 200 mètres de la rive droite. Toute la population était sur les bords du fleuve, attirée par la nouveauté du spectacle, mais assistant calme et tranquille à cet évènement qui constituait cependant une révolution profonde dans ces régions.

Poursuivant sa route, la canonnière fit relâche devant Sansanding (1er octobre). Cet important marché des Sarrakhollé qui pendant si longtemps avait résisté aux attaques des Toucouleurs de Ségou, avait cependant fini par succomber, car les explorateurs ne trouvèrent plus que des ruines là où s'élevait naguère, au temps de Mungo - Parck et, plus récemment de Mage, un centre riche et peuplé.

Au delà de Sansanding, le Niger est un véritable labyrinthe, un fouillis d'iles et de marigots, un enchevêtrement de bras au milieu desquels il est bien difficile de reconnaître le vrai fleuve et de se diriger si l'on n'a pas de pilote. Le commandant de la canonnière n'en avait pas engagé ou n'avait pu en trouver. On atteignit cependant Diafarabé, au confluent du Niger et du marigot de Djenné, mais on ne put atteindre cette ville, le marigot dans lequel la canonnière s'était engagée devenant impraticable.

A partir de Diafarabé, les bois disparaissent presque complètement; à peine, de temps à autre, voit-on surgir, au dessus d'un immense désert d'herbes marécageuses, des bouquets d'arbres qui abritent de petits villages, quelques cases de pêcheurs, bien souvent abandonnées et en ruines.

Le 12 octobre, la canonnière, remontant le fleuve. passait devant Sansanding. Là on recueillait le bruit que le fils d'Ahmadou, qui commandait à Ségou, se préparait à barrer l epassage à notre petit vapeur. Il n'en fut rien. Même la canonnière s'étant mise au plein, juste en face Ségou, les Toucouleurs, qui s'étaient portés en masse sur le rivage, assistèrent impassibles aux efforts faits par l'équipage pour dégager le « Niger ». S'ils avaient eu quelques projets hostiles, l'occasion était propice pont les mettre à exécution. La canonnière remise à flot, vint mouiller en face de l'ancienne demeure d'El-Hadj-Omar.

Le 19 octobre, après une navigation ralentie par le courant, on touchait à N'Yamina. Le capitaine Delanneau obtint des habitants, qui déclarèrent accepter notre protectorat, l'expulsion de la garnison de Sofa d'Ahmadou; mesure grave dont les conséquences sont encore à apprécier.

Enfin, dans les premiers jours de novembre, la canonnière était de retour au mouillage de Manambougou; elle avait eu beaucoup de peine à remonter les rapides entre Koulikoro et Manambougou et avait dû renoncer, par suite de la baisse des eaux, à revenir jusqu'à Bammakou.

Dans cette exploration, exécutée pacifiquement, et qui nous procurera d'intéressants détails sur l'hydrographie du Niger, la canonnière s'était avancée jusqu'à 400 kilomètres en aval de Bammakou, presque à mi-chemin de Tombouctou. Il eut fallu partir plus tôt pour atteindre cette ville; c'est une affaire remise à six mois.

En décembre 1885, fut réunie à Médine la colonne de ravitaillement annuel, commandée par le colonel d'infanterie de marine Frey, ayant sous ses ordres le commandant Combes. Elle était composée d'un bon millier d'hommes. Voici quelle était alors la situation politique du pays: Ahmadou était venu à bout de va ncre la résistance de ses frères; Mountaga, désespérant de pouvoir résister plus longtemps, s'était tué dans son tata : Daah s'était enfui avec quelques centaines de cavaliers, ses femmes, ses enfants et ses troupeaux et s'était rendu dans le Fouladougou, à Larballa, près de Sédian, c'est-à-dire à portée de notre poste de Koundou ; deux autres frères d'Ahmadou s'étaient rendus à Kita ; tous demandaient notre appui contre Ahmadou. Quant à ce dernier, on doit supposer qu'il s'était formalisé du renvoi de sa garnison de N'Yamina, à notre instigation. Il avait réuni autour de lui une armée que les indigènes évaluaient à 15,000 hommes, envoyait des avant-gardes sur les routes qui conduisent de Nioro à nos différents postes, et avait interdit à ses sujets tout commerce avec nous. Les uns disaient qu'il voulait envahir le Bélédougou et qu'il avait déjà envoyé un gros de ses forces sur Farabougou dans cette intention ; d'autres prétendaient que, au lieu de venir se heurter à nos postes, ce qui n'est guère supposable, il voulait laisser la colonne s'engager à l'intérieur et, la tournant, aller chez les Guidimakha, entre Médine et Bakel. On disait même qu'une avant-garde de 500 cavaliers et 400 fantassins s'était mise en route dans ce but.

Quant à Samory, il avait, après la retraite du commandant Combes, envahi le Birgo, le Gadougou, le Bafing et pénétré dans le Gangaran, sans toutefois menacer nos postes et sans tenter d'intercepter les communications entre ceux de la ligne de pénétration, ne bloquant que Niagassola.

Telle était la situation qu'avaient amenée nos provocations envers Ahmadou et Samory, à N'Yamina et dans le Bouré.

Au commencement de 1886, à l'approche de la colonne de ravitaillement, commandée par le colonel Frey, Samory divisa ses forces en trois parties ; l'une, évaluée à 12,000 hommes, sous les ordres de son frère Malinkamory, était à Galé pour s'opposer à la colonne qui irait ravitailler Niagassola. Les deux autres étaient en observation sur le Niger, rive gauche, l'une à Sibi, à une vingtaine de lieues en amont de Bamakou, et l'autre dans le Bouré, près du confluent du Tankisso et du Niger.

Le colonel Frey divisa ses forces en deux parties pour marcher sur Galé ; le commandant Combes devait, avec 270 tirailleurs, partir de Kondou avec mission d'essayer de couper la retraite vers l'Est à Malinkamory, et le colonel Frey devait se porter directement de Kita sur Galé, avec le reste de la colonne.

Les troupes de Malinkamory, à leur approche, rétrogradèrent vers le Sud ; un petit engagement eut lieu le 15 entre leur arrière-garde et notre avant-garde. L'armée de Malinkamory continuant sa retraite, le commandant supérieur la poursuivit dans la direction de Nafadjé, au Sud de Galé, où il arriva le 17 janvier. Dans la nuit, il surprit un poste avancé de l'ennemi et apprit des prisonniers que Malinkamory devait passer la nuit au marigot de Farki-Djingo.

Notre colonne arriva à cent mètres du camp ennemi sans être signalée. Les hommes de Malinkamory, surpris, n'eurent pas le temps de décharger leurs armes ; ils s'enfuirent dans toutes les directions, laissant sur la route plus de 1,500 fusils ; on en avait tué quelques-uns et pris un certain nombre de chevaux.

Malinkamory se sauva d'une traite jusqu'à Farabala, puis se dirigea vers le Niger, ses soldats étant entièrement dispersés dans le pays. La colonne, continuant sa poursuite, fit quelques prisonniers à Nabou.

A la suite de ce brillant succès, la colonne rentra à Niagassola pour s'y reposer quelques jours, puis elle se dirigea sur Bammakou, où le colonel termina son opération du ravitaillement des postes. Samory ayant témoigné le désir qu'on lui envoyât un officier pour traiter des conditions de paix, on acquiesça à sa demande.

Le colonel Frey avait aussi écrit à Ahmadou pour lui demander des explications sur la défense que ce dernier avait faite à ses sujets d'approvisionner nos postes et nos colonnes, Ahmadou fit une réponse vague en disant qu'il agirait suivant nos propres agissements.

Les colonnes du ravitaillement annuel coûtent plus d'un million. C'est une trop grande charge pour le budget de la colonie. Il faut absolument que, grâce à une politique plus pacifique, on puisse immédiatement réduire de moitié les garnisons des postes, qu'on y mette le moins possible de soldats européens, enfin qu'on cherche à nourrir les soldats indigènes avec les produits du pays ; de cette manière, on pourra réduire les dépenses annuelles de plus de moitié.

Il faut aussi que l'Administration coloniale encourage par tous les moyens le commerce local à créer des comptoirs sous la protection de de tous nos postes ; il faut, à cet effet, choisir un bon emplacement auprès de chaque poste, l'allotir et mettre les concessions de terrain en vente au plus fort enchérisseur.

Un ingénieur-entrepreneur, M. Lartigues, a proposé d'établir, dans le Haut-Fleuve, à la place du chemin de fer commmencé et qui semble abandonné, un chemin de fer aérien de son invention, à un seul rail élevé de 1^m,50 au-dessus du sol ; il prétend qu'avec ce chemin de fer, on arriverait à une énorme économie dans le ravitaillement des postes. Quand même cela serait vrai, son système est loin de présenter les garanties suffisantes pour qu'on en fasse l'essai sur une aussi grande échelle. Il a rendu certainement de bons services aux alfatiers de la province d'Oran, par la facilité de son déplacement, mais comme ligne permanente servant à un transit commercial, on ne saurait le prendre au sérieux. Pour l'établir solidement, nous sommes convaincu qu'il faudrait dépenser autant, sinon plus, que pour une voie ordinaire, à rails posés sur le sol ; de plus, ce chemin de fer constitue un obstacle permanent à la circulation des particuliers, des caravanes ; enfin, il pourrait être dégradé, détruit même, par les grands animaux qui parcourent ces régions.

En raison de la charge portée par les trains du chemin de fer Lartigues, comparée à celle des wagons sur doubles rails, il n'y a pas, à coup sûr, d'exagération à admettre que le prix de transport se trouverait triplé, c'est-à-dire porté de $0^{fr.},04$ à $0^{fr.},12^c$ par tonne de marchandises et par kilomètre, de sorte que les frais de transport de la tonne, entre Bamakou et Bafoulabé, s'élèveraient, au minimum, à 47 fr. Dans ces conditions les produits de la vallée du Niger ne pourraient être amenés sur nos marchés d'Europe.

Si la question des transports par voies rapides et économiques ne nous a donné jusqu'à présent que des déceptions dans le Haut-Sénégal, par contre celle des communications par télégraphe électrique a enfin reçu une solution satisfaisante.

C'est en 1862 que la télégraphie électrique fut introduite au Sénégal. On fit d'abord naturellement la ligne de Saint-Louis à Gorée qui était la plus urgente, puis, successivement on la prolongea de l'un et l'autre côté sur Dagana, sur Rufisque, sur Podor, sur Joal, etc.

En 1885, on immergea un câble de Ténériffe à la baie d'Yof au nord de Dakar, comme prolongement de la ligne espagnole de Cadix aux Canaries. La colonie se trouva alors en communication avec la métropole.

Dans ces dernières années, à mesure qu'on créait les postes du Sénégal au Niger, on établissait en arrière le fil électrique. Mais on ne pouvait obtenir du Fouta, ni par persuasion ni par force, qu'il laissât établir la ligne sur son territoire. Les indigènes enlevaient le fil, renversaient et brûlaient les poteaux à mesure qu'on les plaçait. Ce ne fut qu'en 1885, à la suite d'une conférence qui eut lieu à Oréfondé, dans le Fouta, entre le gouverneur et Abdoul-Boubakar, qu'on obtint de ce dernier la promesse sérieuse qu'il protégerait la construction de la ligne et qu'il se chargerait de veiller à sa conservation, moyennant une indemnité annuelle de 2,000 fr. Cette promesse fût tenue, et à la date du 27 décembre 1885, on put communiquer directement des rives du Niger à Paris.

Les missionnaires du Saint-Esprit qui ont obtenu de beaux résultats aux environs de Joal, dans les États Serrères, avaient naturellement pensé à former un établissement dans les pays nouveaux de l'intérieur où nous venions d'asseoir l'influence française.

Leur présence pourrait, en effet, être très avantageuse dans le Bélédougou, dont les populations sont si hostiles à l'islamisme. Encouragés dans leurs projets, ils avaient déjà désigné un personnel qui devait aller s'établir dans les environs de Koulikoro avec une succursale servant de sanatorium sur les hauteurs de Kita. Mais les bonnes dispositions à leur égard changèrent complètement lorsque se manifesta une réaction contre les entreprises coloniales, à la suite des affaires du Tonkin ; l'amiral Galiber, ministre de la marine, se montra hostile à notre extension vers l'intérieur du Soudan. On parlait même d'abandonner les postes au-delà de Bafoulabé, on ordonnait le démontage de la canonnière. Dans ces conditions, il ne pouvait plus être question de l'établissement des missionnaires sur le Niger. C'est ce qu'on leur déclara ; on refusa même d'acquiescer à leur demande d'envoyer un de leurs Pères en qualité d'aumônier auprès de la colonne du colonel Frey pour reconnaître le pays.

Espérons que grâce à la nouvelle tournure qu'ont prise les affaires dans la vallée du Niger, les missionnaires pourront, cette année, mettre leurs projets à exécution.

Dans notre précédent travail, nous avons dit quelques mots d'un envoyé de Tombouctou qui est venu à Paris l'hiver dernier en passant par le Sénégal. Ce même envoyé qui était retourné à Tombouctou l'été suivant, vient par le télégraphe, d'annoncer au gouverneur de Saint-Louis son arrivée à Bammakou et en même temps son dessein de faire un nouveau voyage en France. Il est nécessaire d'entrer dans quelques détails à son sujet et au sujet de sa mission.

Lors de son premier voyage, il était porteur d'une lettre adressée au gouverneur du Sénégal par Sidi-Hadj-Ibrahim, Kiahia de Tombouctou. Les fonctions de Kiahia paraissent analogues à celles de maire.

Cette lettre disait à peu près :

« Louange à Dieu seul. »

« Nous avons appris que vous vous disposiez à venir vers nous ; le
» porteur de la lettre, Sidi - el - Hadj Abd - el - Kader, fils de Bakar-
» Djeberi, habitant de Tombouctou, qui a beaucoup voyagé et par terre
» et par eau, vous donnera les renseignements dont vous aurez besoin
» sur le pays. Si vous ne venez que pour faire du commerce, vous serez
» les bien venus ; si vous venez dans d'autres intentions, sachez que le
» pays ne nous appartient pas. Les Touareg, les Brabisch, les Bambara,
» les Poul se le disputent. Ce serait donc à eux que vous auriez affaire
» si vous vouliez vous établir dans notre pays. Nous autres marchands,
» nous n'avons pas de pouvoir à cet égard. Ce que nous désirons, c'est
» que vous ne veniez que pour faire du commerce.

» Jeudi 4 Schaban 1301.

» Signé : EL-HADJ-IBRAHIM. »

Abd-el-Kader était parti de Tombouctou au mois de mai 1884 ; il avait
passé par Goundam, le Fermagha, Segala et le Bélédougou. Arrivé à
Bammakou, il suivit la ligne de nos postes, ne faisant connaître sa
mission qu'au commandant de Médine et encore sur l'insistance de
celui-ci. Il a donné une assez mauvaise raison pour expliquer cette
conduite, c'est que, dans leurs usages, les envoyés ne faisaient
connaître leur mission qu'aux personnes à qui ils étaient adressés. Nous
serions portés à supposer qu'il nous a caché quelque chose à ce sujet.
Il y avait à Bammakou, lorsque le colonel Desbordes s'en est emparé,
trois frères *Niaré*, c'est ainsi qu'on désigne en bambara les Maures
noirs négociants. Deux d'entre eux, après nous avoir fait leur sou-
mission, cherchèrent à nous trahir en appelant l'armée de Samory,
dans laquelle servaient leurs fils ; ils furent fusillés, les circonstances
exigeant cette mesure rigoureuse. Ces marchands devaient être en
relation d'affaire avec les commerçants de Tombouctou, comme tous
ceux des bords du Haut-Niger.

Un des buts du voyage d'Abd-el-Kader n'aurait-il pas été de s'assurer
de ces faits et de régler quelques comptes de commerce ?

On sait que les Maures commerçants de Tombouctou proviennent
les uns du Tafilelt, dépendant du Maroc, les autres de Ghadamès,
dépendant de Tripoli ; ils se sont généralement croisés avec les races
du Soudan ; ils parlent l'arabe hassania comme ceux des bords du
Sénégal, peu différent en somme de celui de l'Algérie. La langue la

plus répandue dans la ville est le bambara ; le poul y est également parlé, le songhay y est à peine connu.

On y mange du pain de blé, qu'Abd-el-Kader a déclaré être meilleur que celui de Saint-Louis ; cela tient à ce qu'il est fait avec de la farine fraîche, moulue la veille par les femmes dans leurs petits moulins arabes composés de deux pierres rondes superposées. La boisson habituelle, après l'eau, est le lait. Les gens riches boivent du thé venant du Maroc ; ils le préparent en le mouillant légèrement, le roulant ensuite dans du sucre pilé, puis versant dessus de l'eau bouillante ; ils le boivent froid. Nous avons vu à Paris, au palais de la Légion d'honneur, au moment où on offrait à El Hadj Abd-el-Kader une tasse de thé avec du pain beurré, son visage rayonner de joie. « C'est la première fois, » dit-il, que cela m'arrive depuis mon départ de Tombouctou. Je crois » être encore chez moi. »

Quelques personnes ont dit qu'Abd-el-Kader ne venait pas de Tombouctou, qu'il était absent de cette ville depuis plusieurs années, ayant été obligé de la quitter pour nous ne savons quelle raison ; en tout cas, cela n'eût pas empêché qu'il fût chargé de venir nous trouver de la part de la Djemmaa.

Quoi qu'il en soit, Abd-el-Kader n'est pas le premier venu ; c'est un beau jeune homme, d'une bonne trentaine d'années, d'un teint un peu foncé, très intelligent et dont les manières dénotent qu'il appartient à l'aristocratie de son pays. Il a beaucoup voyagé, beaucoup acquis, et raisonne parfaitement.

Expliquant les motifs de sa mission, il nous dit :

« Vous êtes maîtres de l'Algérie depuis longtemps, vous venez de » vous emparer de la Tunisie ; du Sénégal, vous venez de pousser votre » domination jusqu'au Niger ; depuis assez longtemps déjà nous avons » compris que l'avenir vous appartenait dans ces contrées et que nous » ne pouvions mieux faire que d'entrer en relations amicales avec » vous ; mais, pressés entre le Touareg au nord et le Macina au sud, » nous n'étions pas libres d'agir comme nous l'aurions voulu. Aujour- » d'hui nous n'avons plus de ménagements à garder ; les bouleverse- » ments occasionnés par les guerres d'El-Hadj Omar, qui ont eu pour » conséquence l'interruption de la navigation sur le Haut-Niger, nous » ont mis aux abois. Depuis plus de deux ans, nous ne cessons de refu- » ser aux agents marocains, envoyés par les négociants anglais du cap » Juby et de Mogador, le droit de créer des lignes de caravanes sur » Tombouctou et des établissements dans cette ville. C'est que nous

» nous défions des Anglais et que nous avons appris qu'ils viennent de
» perdre le Soudan égyptien où ils ont été massacrés par milliers, tandis
» que d'un autre côté nous apprenions que vous étiez établis sur le
» Haut-Niger et que vous y aviez déjà un bateau à vapeur. C'est ce qui
» nous a tout à fait décidés, car c'est avec vous que nous avons
» évidemment le plus d'intérêt à entretenir des relations d'amitié et
» de commerce. Nous ne comptons même que sur vous pour sortir de
» la triste situation où nous sommes.

». Nous avons entendu parler de votre intention de relier vos posses-
» sions du nord de l'Afrique avec le Sénégal ; nous qui sommes sur la
» route, nous sommes disposés à ne pas contrecarrer vos projets,
» mais nous entendons qu'il s'agisse entre nous de traités pacifiques
» mais non pas de conquêtes et d'occupation militaire. Vous aurez à
» vous entendre à Tombouctou avec le Kiahia, avec la Djemmaa et
» avec les chefs des grandes caravanes. Soyez bien convaincus que le
» jour où la nouvelle se répandra dans tout le Soudan que Tombouctou
» a des traités avec la France, vous trouverez toute facilité pour vos
» opérations commerciales dans ces contrées.

» Vous me demandez si nous accepterions un consul avec une garde,
» la liberté pour tout Français de construire des établissements à
» Tombouctou et aussi d'y installer des écoles. J'ai le pouvoir d'accepter
» provisoirement de telles conditions, au nom du Kiahia, sauf la
» question de la garde armée, qui serait à discuter ; mais mes pouvoirs
» ne s'étendent pas jusqu'à passer un traité à ce sujet.

» Je dois vous dire pourquoi la lettre que je vous apporte est si laco-
» nique et insiste sur ce point que le territoire ne nous appartient pas.
» C'est que je courais grand risque d'être pillé et assassiné dans mon
» voyage, et la lettre fût tombée alors entre les mains des Toucouleurs
» de Ségou ; ils n'auraient pas manqué d'exploiter cette circonstance
» pour exciter contre nous les populations du Soudan en leur disant
» que nous trahissions la cause de l'islam, en nous soumettant aux
» chrétiens. »

El-Hadj Abd-el-Kader fut reçu avec méfiance au Sénégal dans les
postes par où il passa. Son humble équipage, qu'il explique par la
crainte qu'il avait d'être assassiné et pillé en route, en était un peu
cause. A Saint-Louis ce fus pis encore, et il se manifesta une véritable
hostilité contre lui. Nous sommes portés à croire que cela venait des
Kountah de la famille de Beckay, qui habitent dans le Cayor, aux
environs de Saint-Louis. Nous savons qu'à la suite des guerres d'El-

Hadj Omar, le fameux Ahmed-El-Beckay, dont Barth a fait un si pompeux éloge, mourut laissant trois fils, dont l'aîné s'appelle Abidin. Abidin et la famille ont abandonné le parti qu'avait embrassé leur père, c'est-à-dire celui des Touareg qui protégeaient un peu Tombouctou contre les Poul du Macina. Il s'est joint à ces derniers, repoussés vers le nord par les Toucouleurs, et s'est retiré dans le Fermagha. La tribu des Kountah, à laquelle appartiennent les Beckay, est très puissante dans toute l'Afrique occidentale. Avec leurs parents, leurs amis, leurs clients, établis dans l'Adrar, le Tiris, à Tichit dans le Tagant, à Saint-Louis même, les Beckay sont maîtres d'une voie commerciale de Tombouctou à Saint-Louis qui a pris, dans ces derniers temps, une certaine importance. Ils doivent craindre de voir s'établir une ligne rivale par le Niger et la ligne de nos postes. De là, croyons-nous, leur hostilité envers Abd-el-Kader, dont le voyage tendrait à ouvrir cette ligne.

Abd-el-Kader arriva en France sur un paquebot des Messageries maritimes après une traversée d'hiver très pénible, le bâtiment ayant été presque en perdition. Il fut présenté au Président de la République le jour même de la réception du premier de l'an, au palais de l'Élysée. Quoiqu'ayant apprécié et admiré toutes les merveilles qui l'entouraient dans cette circonstance, il ne se troubla pas et aux paroles de bienvenue du Président, il répondit par quelqes phrases empreintes d'une couleur orientale, terminant par ces mots : « J'ai couru bien des » dangers pour venir dans votre beau pays, j'ai bien souffert sur mer » du mauvais temps et du froid, mais aujourd'hui je revois le soleil en » votre personne et j'ai tout oublié. »

Nous saurons bientôt s'il revient cette fois avec des pouvoirs suffisants pour conclure un arrangement entre nous et la population de Tombouctou.

Pour notre part, nous pensons que, *quand nous nous établirons à Tombouctou, ce qui ne pourra se faire que lorsque nous aurons deux bons bateaux à vapeur sur le Niger, nous devrons simultanément nous établir près d'In-Salah, ce qui nous* est facile par Goléa ; en passant par ce point nous éviterons des complications avec le Maroc et certaines puissances européennes.

Paris. 25 Mars 1886. GÉNÉRAL FAIDHERBE.

Lille Imp. L. Danel.